かわいい！がいっぱい

100円ショップで はじめての手芸

5 ゆびあみ でつくる

ポプラ社

この本の見方

最初はかんたんな作品から
チャレンジしてみてもいいね！

1 おおよその作業時間をしめしているよ。

2 むずかしさのレベルだよ。
★は初級、★★は中級、★★★は上級。

3 作り方の補足や注意するポイントを説明しているよ。

4 作品に使う材料や道具。これを参考に、自分の好きな色の材料や使いやすい道具などを選んでね。

5 かんたんにできるアレンジのアイデアを紹介しているよ。

※材料や道具は2024年6月時点の商品です。購入時期や商品により、取りあつかいが終了している場合があります。

もくじ

おもな材料と道具	4
型紙	5
おもなあみ方	6
推し色タッセル	12
ふわふわシュシュ	14
花のカチューシャ	16
リボンのヘアゴム	18
もこもこマフラー	20
アレンジでへんしん! ポンポンクマのマフラー	23
ポンポン動物	24
花とポンポンリース	26
ふわもこネックウォーマー	28
アレンジでへんしん! かざりでイメチェン!	31
ネコ耳ぼうし	32
リリアンペットボトルカバー	36

おもな材料と道具

この本で使うものを紹介するね。100円ショップや手芸用品店などでそろえられるよ！

買いに行く前に家にあるかどうか確認してね。

●糸※

糸の素材や太さ、重量など、さまざまなものがある。この本と同じ糸が手に入らない場合は、各ページにある糸の実物大の写真を参考に、太さや素材が近い糸を使う。

作品に必要な糸の量は重量でしめしているよ。例えば作品で45gとかいてあったら、1玉30gの場合、2玉用意してね。

素材や太さなどの例

素材　アクリル・毛
太さ　並太
重量　25g
長さ　約44m

素材　ポリエステル
太さ　超極太
重量　30g
長さ　約18m

素材　アクリル
太さ　並太
重量　30g
長さ　約47m

素材　綿
太さ　中細
重量　20g
長さ　約49m

※購入時期、商品により、ラベルや重量などが変更されることがあります。重量によって作品に必要な糸の玉数が変わってくるので、かならずラベルを確認してください。

●段数マーカー
あみ目や段（6ページ）に印をつけて、どこまであんだか、何段あんだかを確認するために使う。

●とじ針
針の先が丸くなっている。あんだものをつないだり、仕上げのときに使ったりする。

糸の太さに合ったものを使ってね！

●リリアンあみ機
リリアンをあむ道具。

自分で作ることもできるよ。リリアンあみ機の作り方（39ページ）を見てね。

●厚紙
おかしの箱なども使えるよ！

ポンポンやタッセルを作るときの型紙に使う。

●フェルト
ポンポン動物（24ページ）の耳などに使う。

●はさみ
たちばさみや糸切りばさみを使う。

たちばさみ
糸切りばさみ

●接着剤
木や布、金属やプラスチック用など、さまざまな種類があるので、材料によって使い分ける。

●定規・メジャー
幅や長さをはかるために使う。

型紙

この本で紹介している作品の実物大の型紙だよ。
コピーしたり、写し取ったりして使ってね！

● ポンポン動物（24ページ）

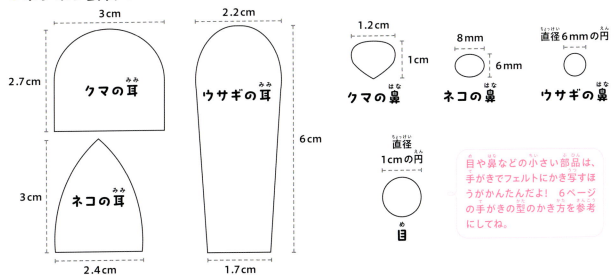

目や鼻などの小さい部品は、手がきでフェルトにかき写すほうがかんたんだよ！ 6ページの手がきの型のかき方を参考にしてね。

● ポンポン動物 ㋐（24ページ）

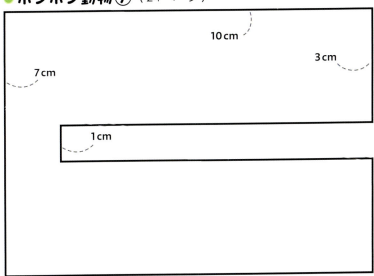

● もこもこマフラー（20ページ）

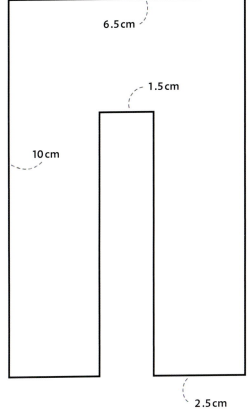

● ポンポン動物 ㋑（24ページ）
● 花とポンポンリース（26ページ）
● ふわもこネックウォーマー（28ページ）

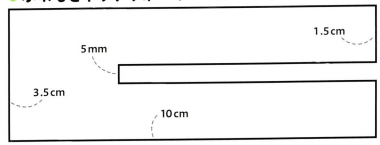

おもなあみ方

かんたんな基本のあみ方だよ。マスターしておくと、作業を進めやすいよ♪

あむ前に知っておこう！

糸はしの引き出し方

1本取り

指を糸玉の中に入れ、糸はしを引き出す。特に指示がないときは、1本取りであむ。

2本取り（1色の場合）

糸玉の中と外の糸はしを両方取って、2本そろえて使う。

2本取り（2色の場合）

それぞれの糸玉の中から、糸はしを引き出し、2本の糸をそろえて使う。

この本で使う言葉の意味

目	あみものの基本の単位のこと。
段	たて方向のあみ目のこと。
作り目	あみ目の土台になる目のこと。7ページのくさりあみなどがそれにあたる。作り目は1段と数えない。

> 目や段の高さや幅は、指の太さや糸の太さ、ゆるくあむか、きつくあむかで変わるよ。
> この本でしめす目や段は、目安として考えて、自分に合ったサイズになるよう、目や段の数を調整してね。

手がきの型のかき方

小さいフェルトの部品は、サイズをはかってフェルトに直接かいて切るとかんたんだよ。

例：クマの耳（25ページ）の場合

1

フェルトをたて2.7cm、横3cmに切る。

2

チャコペンで、曲線の目安になる位置に、印をつけてから線をかき、線にそって、はさみで切る。

3

1つできたら、この耳を型紙のかわりにして、もう1つ作る。

あみ方

くさりあみ

くさりあみは、指引きぬきあみの作り目になる。1本取りも2本取りもやり方は同じ。

1本取り	2本取り	
		糸はしを上にして、輪を作る。 *糸はしの長さは、15cmほど残すよ。作るものによって、残す糸はしの長さがちがうから、作り方を確認してね。*
		輪の根元を片方の手でおさえ、輪の中にきき手の親指と人差し指を入れて、糸を引き出す。
		引き出した糸をつまんだまま、糸はしを下へ軽く引き、結び目を引きしめる。 *この輪が、くさりあみの最初の目になるよ。*
		きき手人差し指の第一関節に❸の輪(★)をかける。糸を引き指の太さに輪をしぼってから、人差し指の後ろから手前に、糸を巻く。 *輪をしぼりすぎると、あみにくくなるよ。輪が動くていどに軽くしぼってね。*
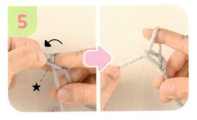		最初につくった輪(★)をつまんで、❹でかけた糸にかぶせるようにして、人差し指から外す。 *いつも人差し指の第一関節に、糸の輪があるようにすると、目の大きさがそろうよ！*
		❹と❺をくり返してあんでいくと、くさりあみのひもができる。

指引きぬきあみ　1本取りも2本取りもやり方は同じ。

1本取り	2本取り

必要な目数をくさりあみして、作り目(6ページ)をしたら、あみ終わりの目に、段数マーカーをつける。

❶のくさりあみを輪にする。

> あみ目がとちゅうでねじれないようにしてね。

あみ始めの1目めに、人差し指を入れる。

> 矢印がしめすところに指を入れるよ。

人差し指の後ろから手前に糸をかけ、★の輪をつまんで、かけた糸にかぶせるようにして、人差し指から外す。

☆の輪をつまんで、写真の左側の糸にかぶせるようにして、人差し指から外す。

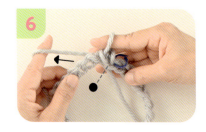 

1段めの1目(●)ができる。糸の輪は人差し指の第一関節にかけ、指の太さに合わせて糸を引いて、あみ目の大きさを調整する。

1段めの1目めに、段数マーカーをつける。

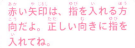

2目めのあみ目（矢印のところ）に、❸と同じように、人差し指を入れる。

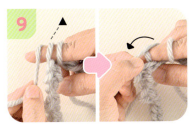

❹と同じように、人差し指の後ろから手前に、糸をかける。▲の輪をつまんで、かけた糸にかぶせるようにして、人差し指から外す。

❺と同じように、写真の右側の輪をつまんで、左側の糸にかぶせるようにして、人差し指から外す。

1段めの2目のできあがり！

❽〜❿をくり返して、1段めをあみ進めたら、作り目のあみ終わりにつけた段数マーカーを外して、1段めの最後の目をあむ。

1段めがあみあがったよ。

1段めの1目めにつけた段数マーカーを外し、2段めの1目めをあんだら、また段数マーカーをつける。

2段めの1目めのできあがり！
あとは、必要な段数になるまでくり返してね。

4本指あみ（ほんゆび） リリアンあみともいう。

1. 糸はしを残し、親指と人差し指のあいだに、糸をかける。
↑ あみ始めの糸はし

2. 親指に、糸を2回巻きつける。

3. 人差し指の上から、中指の後ろに糸を通し、薬指の上から、小指の後ろへ糸を通す。

4. 小指の上から、薬指の後ろへ糸を通し、中指の上から、人差し指の後ろへ糸を通す。

5. てのひらの後ろから、4本の指の上に糸をのせる。

6. ③で人差し指にかけた糸をつまんで引っぱる。

7. 引っぱった糸に、人差し指をくぐらせる。

8. 1目あめたところ。

6～8と同じように、中指、薬指、小指の順にあんでいくよ。

9. ④で中指にかけた糸をつまんで引っぱり、中指をくぐらせる。

10. ⑨と同じように薬指に糸をくぐらせる。

11. ⑨と同じように小指に糸をくぐらせる。

12. 1段あめたところ。

10

あとは、同じようにくり返して、必要な段数まであんでね！

13 ⑤と同じように、手のひらの後ろから、4本の指の上に糸をのせる。

14 1段めと同じように、人差し指から小指まで、糸をくぐらせてあんでいく。

15 2段めがあみ終わったら、親指から糸はしを外す。

16 後ろから、糸はしを少し引っぱり、あみ始めのあみ地をすぼめる。

あみ終わりの始末の仕方

1 糸はしを30cmほど残して、糸玉の糸を切る。
（あみ終わりの糸はし）

2 てのひらの後ろから手前に、切った糸はしを出す。

3 人差し指にかかっているあみ目の下から、❷の糸はしを通して上に引く。

4 ❸と同じように、中指にかかっているあみ目の下から、糸はしを通して上に引く。

5 薬指と小指も、同じように糸はしを通していく。

6 指から糸を外す。

7 両方の糸はしを引っぱる。

8 この本で使う、4本指あみのできあがり。

推し色タッセル

好きなアイドルのメンバーカラーなどの推し色や、推しのイニシャルパーツをプラスすれば推し活アイテムになるよ！

作業時間
40分

レベル ★

材料・道具

- 糸…NEWエンジェルコットンCOL.2011（アサミドリ）4g
- かざり…アルファベットチャーム、リボンなどのデコパーツ
- マスキングテープ
- 厚紙…たて10cm、横5cm
- コピー用紙…たて9cm、横6cm
- 接着剤…かざりの材質に合わせたもの
- はさみ
- 定規

糸の実物大

| できあがりサイズ | 全長約20cm（タッセル：長さ9cm） |

作り方

三つあみのあみ方は、21ページの「もこもこマフラー」3〜7を見てね。

1

3本いっしょにひと結びする。

45cmに切った、3本の糸のはしを結ぶ。結び目の下にマスキングテープをはり、つくえに固定する。

2
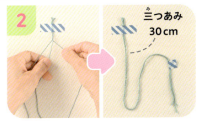
三つあみ 30cm

30cmの長さまで三つあみをしたら、ほどけないように、あみ終わりをテープでとめる。

3
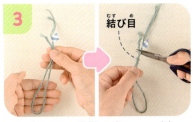
結び目

2の三つあみ部分を輪にして結び、結び目の上を切る。

4
糸は、下にきたときに切ってね。

たて10cm
横5cm

厚紙に、下から上に25回糸を巻きつけたら、はさみで切る。

5
固結びしないでね。

4に長さ30cmの新しい糸を通してから、3の輪を結び目が下になるように通して、1回だけきつく結ぶ。

6

底

厚紙を外し、もう一度糸を結んだら、底の糸の輪をまとめてはさみで切る。

7

結んだ糸はし

三つあみの結び目を持ち、6で結んだ糸はしを、糸のたばの中に入れ、手でなでつけてきれいに整える。

8
固結びしないでね。

1cm

長さ30cmの新しい糸を用意し、結び目から1cm下のところで1回だけきつく結ぶ。

9
結んだ糸は、糸のたばになじませるよ。

8で結んだ糸に、アルファベットチャームを通してもう1回結び、裏返して固結びする。

10

9cm　上のはし

タッセルの上のはしに、コピー用紙のはしを合わせて巻きつける。

11

コピー用紙からはみ出ている糸を、切りそろえる。

できた！

つけたいかざりを接着剤ではったらできあがり！

ふわふわシュシュ

太い糸でゆる〜くあんで
リボンがアクセントのシュシュを作ってみよう！

作業時間
40分

レベル ★★

ピンクと水色がまざった糸だよ。

糸の実物大

材料・道具
- 糸…NEWふわもこモールCOL.10（アクアピンク）8g
- リボン…幅1cm、長さ70cmほど
- ヘアゴム
- はさみ
- 定規

できあがりサイズ 直径約11cm

作り方

💬 固結びしないでね。

💬 目は大きめにしてね。そうするとふわっとした仕上がりになるよ。

1

糸はしを20cm残して、ヘアゴムに結ぶ。

2

ヘアゴムの中に入れた人差し指に、後ろから糸をひっかけて、手前に引き出す。

3

人差し指の後ろから手前に糸をかけ、かけた糸を最初の輪にくぐらせる。

💬 くぐらせるとこうなる。④⑤で1ブロックだよ！

4

②と同じように人差し指で糸を引き出す。

5
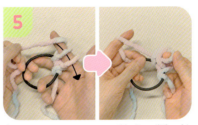
輪が2つになったら、人差し指の後ろから手前に糸をかけ、かけた糸を1つめと2つめの輪からくぐらせる。

6

糸をくぐらせたら、④と⑤を15回くり返し、全部で16ブロックあむ。

7

あみ終わりの糸を20cm残して切る。写真のように輪を引っぱって、切った糸はしを引きぬく。

8

あみ始めとあみ終わりの糸はしを固結びする。

9

1cmほど残して糸を切る。

10

⑨の結び目を下にして、リボンを写真のように通す。

11

リボンをちょうちょ結びにして、リボンのはしをたてに半分におり、おり目からななめに切る。

\ できた！ /

リボンの形を整えたらできあがり！

花のカチューシャ

とてもはなやかな花のカチューシャ。
お気に入りの服に合わせた色で作ってみてね！

作業時間
30分

レベル ★★

材料・道具

- 糸…なないろ彩色 COL.2573（オフミント）5g
- カチューシャ
- かざり…ビーズやボタンなど
- 接着剤…カチューシャやかざりの材質に合わせたもの
- はさみ
- メジャー

糸の実物大

できあがりサイズ
花：たて約8cm、横約8cm

作り方

1 糸はしを30cmずつ残し、4本指あみ（10ページ）で、22〜26段（35cm）のひもを1本あむ。

2 両方の糸はしを結んで輪にする。

3 糸はしを使って、真ん中で固結びし、リボンの形にする。

4 リボンの形を、左右から指でおし、花の形にする。

5 真ん中を糸はしで固結びする。

6 余分な糸はしを切る。

7 花の中心に、接着剤でかざりをつける。

8 花の裏側に接着剤をつけ、カチューシャにはりつける。

できた！
接着剤がかわいたらできあがり！

リボンのヘアゴム

好きな色を組み合わせて、世界でひとつだけの
オリジナルリボンを作ろう！

作業時間
50分

レベル ★★

材料・道具
● 糸…Ⓐなないろ彩色COL.2573（オフミント）3g、Ⓑ抗菌アクリルマーブルCOL.3（グリーンイエロー）3g ● ヘアゴム ● サテンリボン…幅1.2cm、長さ13cm ● とじ針 ● 布用両面テープ ● はさみ ● 定規

糸の実物大

できあがりサイズ リボン：たて約4cm、横約9cm

作り方

1 糸はⒶとⒷの2本取りであむ。糸はしを20cmずつ残し、4本指あみ(10ページ)で14段(17cm)のひもを1本あむ。

2 両方の糸はしを、固結びして輪にする。

3 結び目を輪の中心にして、両方の糸はしを、矢印の方向に後ろから2回巻きつける。

4 巻いた糸を1回だけきつく結び、リボンの形に整える。

5 ❹の上にヘアゴムを置き、片方の糸はしを、ヘアゴムの輪に2回巻きつける。

ヘアゴムをつけた側が背面になるよ。

6 両方の糸はしを固結びする。

7 糸はしをとじ針に通して、中心に巻いた糸に2〜3回くぐらせる。

8 余分な糸はしを切る。

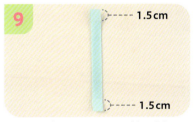

9 13cmに切ったリボンの裏の両はしに、1.5cmの布用両面テープをはる。

10 結び目をかくすようにリボンをはる。

リボンの巻き終わりがヘアゴムの上にくるようにしてね。

11 リボンを2回巻きつけ、リボンのはしをはりつける。

できた！

かわいいリボンのヘアゴムのできあがり！

19

もこもこマフラー

作業時間
3時間

レベル ★★★

ボリューム感たっぷりの指あみマフラー。
どんどんできちゃう楽しさと達成感が味わえるよ!

材料・道具

- 糸…ⒶNEWふわもこモールソリッドCOL.2（ピンク）85g、ⒷNEWふわもこモールソリッドCOL.1（アイボリー）45g、Ⓒ抗菌アクリル並太COL.12（ピンク）45g、Ⓓ抗菌アクリル並太COL.1（しろ）30g
- 厚紙…たて6.5cm、横10cm
- とじ針
- はさみ
- メジャー

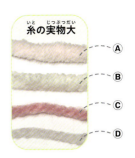

糸の実物大

できあがりサイズ
長さ約134cm

作り方

必要な長さがあれば、段数は本の通りでなくていいよ。

1
本体　112段（150cm）

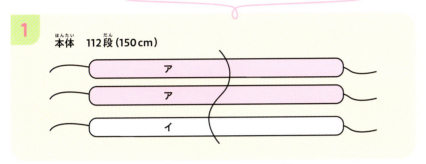

4本指あみ（10ページ）で112段（150cm）のひもを3本あむ。アはⒶとⒸの2本取りであみ、イはⒷとⒹの2本取りであむ。

2

ア（2本）とイ（1本）のあみ始めの糸はしを、固結びしてつなげたら、三つあみをする。

三つあみはふんわりあんでね。

3

まずは①を②の上に置く。

4

③を①の上に置く。

5

②を③の上に置く。

6

①を②の上に置く。

7

❸〜❻をくり返す。

8

あみ終わりの糸はしを、❷と同じように固結びする。

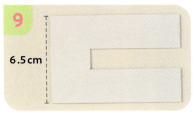

厚紙で直径6.5cmのポンポンの型紙（5ページ）を作る。

作り方は、下にあるポンポンの作り方を見てね。

ⓒとⒹの糸を2本取りにして、型紙に50回巻き、ポンポンを2個作る。

❽で固結びした糸はしを、3本ずつに分けて、ポンポンの2本の糸はしと、それぞれ結びつける準備をする。

ポンポンをつけるよ！

固結びしてポンポンをつける。

糸が出ないようにするため、あみ目にくぐらせるよ！

ポンポンを結びつけたら、すべての糸はしを、1本ずつとじ針に通し、あみ目に3〜4回くぐらせて糸を切る。

できた！

もう片方にもポンポンをつけたらできあがり！

ポンポンの作り方

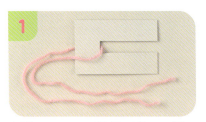

指定のサイズの型紙を作り、長さ40cmに切った糸を、写真のように切れこみにはさむ。

巻く回数は、各作品の作り方のページを見てね。

厚紙に糸を巻きつけて糸を切る。

巻いた糸の中心を、❶ではさんだ糸で、きつく固結びし、裏返してもう1度固結びする。

厚紙から糸をはずし、両側の輪になっているところを切る。

固結びした糸は、切らずにそのまま残しておいてね。

きれいな玉になるように、はさみで糸を切りそろえる。

ポンポンのできあがり。

アレンジでへんしん！　ポンポンクマのマフラー

糸はしを残して2個作るよ！

24ページのポンポン動物をつけてみよう！

マフラー部分は、NEWふわもこモールソリッドCOL.1（アイボリー）を1本取りであんでいるよ。1本取りだと少し細めのマフラーになるよ。

ポンポンブローチの作り方

リボンとフェルト、ブローチピンをつけるだけ。かんたんだよ！

1

ちょうちょ結びにしたリボンのはしを、たてに半分におって、おり目からななめに切る。

2

ポンポンの両方の糸はしを、とじ針を使って、リボンの結び目に両側から通す。

3

糸はしを固結びして切る。

フェルトはブローチピンより大きく切ってね。

4

丸く切ったフェルトの上に、ブローチピンを置き、ブローチピンの両はしから3mm内側に印をつける。

右の図の点線のところをおるよ。

5

❹でつけた印（4か所）のところでフェルトをおって、約3mm切りこみを入れる。

6

切りこみに、開いたブローチピンを差しこんで針をとめる。

7

❸を裏返して、❻をつける面を平らに切りそろえる。

8

ポンポンに接着剤をつけて、❻のブローチピンをはる。

9

ポンポンブローチのできあがり。

ポンポン動物

もふもふのポンポンで
かわいい動物を
作ってみよう!

作業時間
30分

レベル ★

クマ
材料・道具

- 糸…ひつじちゃんナチュラル極太 COL.4（薄茶）20g
- フェルト…茶色（耳と鼻）、黒（目）
- 接着剤…布用
- 厚紙…たて10.5cm、横10cm（型紙2枚分）
- はさみ
- 定規
- チャコペン

糸の実物大

できあがりサイズ 直径6.5cm

作り方

💬 22ページのポンポンの作り方を参考にしてね。

1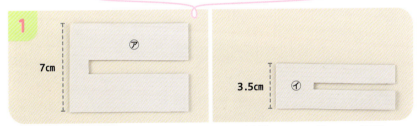

厚紙でポンポンの型紙(5ページ)を作る。⑦の型紙には200回、⑦の型紙には50回糸を巻きポンポンを2個作る。

2

大きいほうは丸く、小さいほうは横長になるように、はさみで切りそろえ、形を整える。

3

小さいポンポンの片側半分を、平らになるよう切る。

4

大きいポンポンの片側を、小さいポンポンと同じ楕円の大きさで、平らになるよう切る。

5

小さいポンポンと大きいポンポンの平らに切った面を、接着剤ではり合わせる。

6

💬 5ページの型紙を参考にしてもいいし、好きな大きさに切ってもいいよ。

耳、鼻、目の部品を用意する。

7

目と鼻をつける位置の糸を、少し切る。

8

目や鼻を接着剤でつけたら、ポンポンの糸をかきわけて、接着剤をつけた耳をあいだに差しこむ。

9

位置や高さを調整してから、糸ではさんで、ぎゅっとおさえてくっつける。

\ できた! /

もう片方の耳もつけたらできあがり!

耳と鼻の形(型紙は5ページ)を変えて、ウサギやネコにしたり、ブローチピンをつけて、ブローチ(23ページ)にしたりしてみてね。目は目玉パーツを使ってもいいね!

花とポンポンリース

部屋のインテリアにしたり
クリスマスなどのかざりにしたりできる
リースだよ♪

作業時間
2時間

レベル ★★

材料・道具

- 糸…Ⓐなないろ彩色COL.2501（ホワイト）12g、Ⓑなないろ彩色COL.2576（シルバー）5g、Ⓒひつじちゃんナチュラル極太COL.4（薄茶）5g
- かざり…ボタン（直径1.5cmほど）またはビーズ
- リース…直径約20cm
- 接着剤…かざりの材質に合わせたもの
- 厚紙…たて3.5cm、横10cm
- はさみ
- 定規・メジャー

糸の実物大

できあがりサイズ
直径約22cm

作り方

1 糸はしは切らずに残しておいてね。

花（16ページ）をⒶ〜Ⓒの糸で各1個作る。

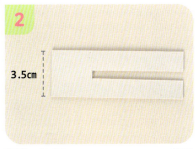

2 厚紙で直径3.5cmのポンポンの型紙（5ページ）を作る。

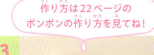

作り方は22ページのポンポンの作り方を見てね！

3 型紙に50回糸を巻き、ポンポンをⒶ〜Ⓒの糸で各1個作る。

4 長さはリースの大きさに合わせて調整してね。

4本指あみ（10ページ）で、58〜62段（80cm）のひもをⒶの糸であむ。両はしは20cm残しておく。

5 花をつける位置を決め、花の糸はしを2回巻きつけてから、リースの裏側で、きつく引っぱって固結びする。

6 余分な糸を切り、ポンポンも同じように、位置を決めて結びつける。

7 花とポンポンのあいだに、❹のひもを、ななめに巻きつける。

8 ひもの糸はしを、裏で固結びして、余分な糸を切る。

できた！

表に返したらリースのできあがり！

ふわもこネックウォーマー

パステルカラーのネックウォーマーで、寒い冬もおしゃれを楽しもう♪

作業時間 4時間

レベル ★★★

材料・道具

- 糸…ⒶNEWベビーちゃんCOL.10（ミント）25g、Ⓑなないろ彩色 COL.2571（レモン）25g ○ 段数マーカー ○ とじ針 ○ 厚紙…たて3.5cm、横10cm ○ はさみ ○ メジャー

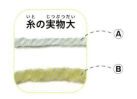

糸の実物大
…Ⓐ
…Ⓑ

できあがりサイズ

首まわり46cm、高さ13cm

作り方

作り目は、右の図のピンクの輪のところだよ。

1 くさりあみ（7ページ）の作り目を、ⒶとⒷの2本取りで42目あむ。最後の目に段数マーカーをつける。

1段めの1目に、段数マーカーをつけてね。

2 くさりあみの目がねじれないように輪にして、指引きぬきあみ（8ページ）で1目あむ。

自分に合ったサイズになるよう、目や段の数を調整してね。

図

16段（13cm）

作り目…42目（46cm）

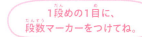

3 指引きぬきあみで1段めをあみ進め、**1**でつけた作り目の段数マーカーを外して、1段めの最後の目をあむ。

4 2段めの1目をあむ。段数マーカーを2段めの1目めにつけかえて、同じように16段あみ進めていく。

5 16段あんだら、糸はしを15cm残して切る。

6 輪の中に、切った糸はしを入れる。

7 糸はしを引きしめる。

糸はしの始末の仕方は31ページを見てね。

8 とじ針に糸はしを通して、あみ目にくぐらせて糸はしの始末をする。

9 3目ほどくぐらせたら、糸はしを切る。

この作品では、あみ地の裏を表側にして使うよ。

10 全体を裏返す。

11 厚紙で直径3.5cmのポンポンの型紙（5ページ）を作る。

ポンポンの作り方は22ページを見てね。

12 Ⓐ とⒷの糸を2本取りにして、型紙に20回巻き、直径3.5cmのポンポンを2個作る。

写真では下から5段目のあみ目に糸はしを通しているよ。

13 とじ針に、ポンポンの糸はしを通し、ポンポンをつけたいところの目にさす。

つけたいところ / つけたいところから1目先 / 表

14 ⓭で通したポンポンの糸はしを裏側で固結びする。

裏

糸はしの始末の仕方は31ページを見てね。

15 とじ針に糸はしを通し、すべての糸はしの始末をする。

裏

できた！

表に返したら、ネックウォーマーのできあがり！

Arrange アレンジでへんしん！ かざりでイメチェン！

> ポンポンの色を変えたり、リボンにしてもかわいいよ！

ポンポンの色や数を変えているよ。

リボンのヘアゴム（18ページ）を、ヘアゴムをつけずに糸はしを残して作り、とじ針を使ってつけているよ。

糸はしの始末の仕方

> 糸はしは裏にするほうで始末するよ。

1

糸はしを通したとじ針を、糸はしのすぐとなりのあみ目に差しこみ、糸はしをくぐらせる。同じように矢印の2つのあみ目にもくぐらせる。

2

余分な糸を切る。

31

材料・道具

- 糸…Ⓐなないろ彩色 COL.2573（オフミント）40g、Ⓑなないろ彩色 COL.2501（ホワイト）30g
- 段数マーカー
- とじ針
- はさみ
- メジャー

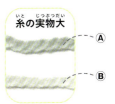
糸の実物大
Ⓐ
Ⓑ

できあがりサイズ
頭まわり46cm、高さ19cm

作り方

> 作り目は、図1（34ページ）のピンクの輪のところだよ。

> 1段めの1目に、段数マーカーをつけてね。

1

くさりあみ（7ページ）の作り目を、Ⓐの2本取りで38目あむ。最後の目に段数マーカーをつける。

2

くさりあみの目がねじれないように輪にして、指引きぬきあみ（8ページ）で、1目あむ。

3

指引きぬきあみで1段めをあみ進め、❶でつけた作り目の段数マーカーを外して、1段めの最後の目をあむ。

4

かぶるとき、ほどけないよう段数マーカーをつける。

2段めの1目をあむ。段数マーカーを2段めの1目めにつけかえて、自分の頭に合うか、かぶってサイズを確かめてから2段めをあむ。

> 絵のようにかぶり、サイズが合わなかったら、くさりあみの目の数を減らしたり、増やしたりして調整するよ。最初からやり直してね。糸の使用量も変わってくるよ。

> Ⓑの糸はしは15cm残して中指でおさえてね。

5

2段めの最後の目をあむとき、人差し指をあみ目に入れたあと、2本取りⒷの糸を人差し指の後ろから手前にかける。

6

矢印の輪をつまんでⒷの糸にかぶせるようにして、人差し指から外す。

> 色がちがうだけで、ここまでと同じ指引きぬきあみだよ。

7

矢印の輪をつまんでⒷの糸にかぶせるようにして、人差し指から外す。

> 2段めの最後の目があめたよ！

8

Ⓐの糸はまた使うので、そのまま切らずに休めておく。

3段めの1目めがわかるよう、段数マーカーをつけ、Ⓑの糸で3段めをあみ進めていく。

Ⓐの糸を動かすと、写真のようになるよ。

3段めの最後の目をあむ前に、Ⓐの糸を動かして、Ⓐの糸がⒷの糸の上にくるようにする。

段数マーカーのつけ直しをわすれずにね。

3段めの最後の目をあむ。そのまま4段めをあみ進める。

4段めの最後の目に人差し指を入れ、❽で休めておいた、Ⓐの糸を指にかける。

糸玉の位置は、あみやすい位置に移動させてね。

4段めの最後の目をあむ。

5段めの1目めがあめたよ!

5段めの最初の目に段数マーカーをつけ直し、Ⓑの糸は切らずに休めておく。

20段までⒶとⒷの糸で2段ずつ、最後はⒶの糸で3段あむよ。

❾〜⓭をくり返し、図1のように、糸の色を変えて23段あむ。Ⓑの糸はしは15cm、Ⓐの糸はしは50cm残して切る。

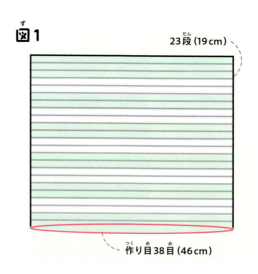

図1　23段(19cm)　作り目38目(46cm)

21〜23段	Ⓐ(オフミント)
19〜20段	Ⓑ(ホワイト)
17〜18段	Ⓐ(オフミント)
15〜16段	Ⓑ(ホワイト)
13〜14段	Ⓐ(オフミント)
11〜12段	Ⓑ(ホワイト)
9〜10段	Ⓐ(オフミント)
7〜8段	Ⓑ(ホワイト)
5〜6段	Ⓐ(オフミント)
3〜4段	Ⓑ(ホワイト)
1〜2段	Ⓐ(オフミント)

16

あみ終わりの輪の中に、切った糸はしを通す。

17

糸はしを引きしめる。

18

糸はしがはじにくるようにたたみ、とじ針に糸はしを通す。

19

手前と向こうのあみ目に、とじ針を入れて図2のように23段めをとじる。

図2

20
糸はしの始末の仕方は31ページだよ。

とじ終わったら、裏返し、すべての糸はしの始末をして、余分な糸を切る。

\ できた！ /

四角いネコ耳ぼうしのできあがり！？

かぶると…

ネコ耳になるよ！

リリアン ペットボトルカバー

道具を使うと、細かいあみ目もかんたん!

作業時間
1時間

レベル ★★★

材料・道具

- 糸…NEWふわもこモールソリッドCOL.2（ピンク）35g
- 手芸ひも…太さ5mm、長さ約70cm
- ループエンド
- リリアンあみ機…丸型でかぎ針つきのもの
- はさみ
- 定規

糸の実物大

できあがりサイズ
直径約10cm、高さ約21cm

作り方

1 フックにかける輪は、あとでほどけるように作ってね。

糸はしを30cm残して輪を作り、リリアンあみ機のフックにかけて、輪をしぼる。

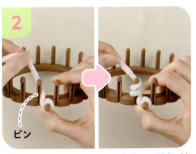

2 フックの左のピンに、時計の反対回りに2回、糸を巻く。

右の絵のように糸を外すよ。

3 最初に巻いた下の糸を、かぎ針で引っぱって、ピンから外す。

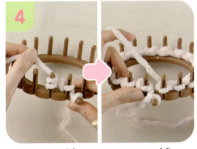

4 ❷❸をくり返して、フックの右のピンまでぐるっと1段あむ。

5 2段めは、時計の反対回りに1回糸を巻き、下の糸を引っぱって、ピンから外す。

4段ほどあんだらフックにかけた輪を外すよ。

6 ❺をくり返して全部で23段あむ。

23段めを閉じるよ！

7 フックの左のピン（写真の①）に、時計の反対回りに1回糸を巻き、下の糸を外す。

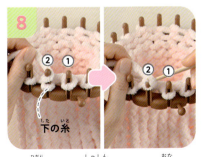

8 ①の左のピン（写真の②）にも同じように、時計の反対回りに1回糸を巻き、下の糸を外す。

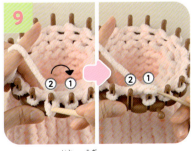

9 ②のピンの糸を右の①のピンにかける。

※わかりやすくするために、単色の糸を使っています。

37

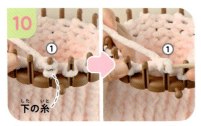

下の糸を引っぱって、ピンから外す。

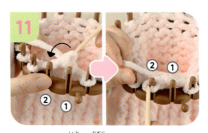

①のピンの糸を左の②のピンへかける。

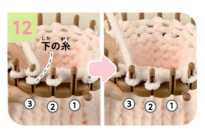

②のピンの左のピン（写真の③）に、時計の反対回りに糸を巻き、下の糸を引っぱって、ピンから外す。

③のピンの糸を右の②のピンにかけたら、下の糸を引っぱって、ピンから外す。

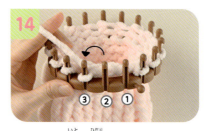

②のピンの糸を左の③のピンへかける。⓬〜⓮と同じ作業をくり返す。

ピンから最後の輪を外す前に、糸はしを30cm残して切る。ピンから輪を外し、糸はしを輪の中に通す。

通した糸を引っぱったら、裏返して、あみ始めの段が上にくるようにする。

あみ始めの1目めに、糸はしを内側から通す。

次の2目めには糸はしを外側から通す。これを順番にくり返す。

毛糸がほつれないように4目ほどくぐらせよう！

写真のように、あみ終わりの糸はしが上にくるようにするよ。

あみ始めの段のすべてのあみ目に、糸はしを通したら、糸はしをゆっくりと引っぱり、真ん中の穴を閉じる。

穴を閉じたら、糸はしを近くのあみ目にくぐらせ、余分な糸を切る。

表に返して、形を整える。

22 あみ終わりのすべてのあみ目に、❶と❸と同じように糸はしを通したら、余分な糸を切る。

通しにくいときは、ひもの先をセロハンテープで巻くといいよ。

23 上から1段目の1目にひもを通したら、2目とばして、今度は2目にひもを通す。

24 同じようにひもを通していき、残りが3目になったら、最初と同じように1目だけにひもを通す。

25 ループエンドの小さい穴から、大きい穴に向かって、ひもの先を通す。ひもの先に結び目を作る。

結び目

26 ループエンドを引き下げて結び目をかくす。同じようにもう片方にもループエンドをつける。

できた!

NEWふわもこモール COL.1（ピンクイエロー）かNEWふわもこモール COL.3（メロンブルー）の糸を使うと36ページのようになるよ。

ちょうちょ結びをしたら、できあがり!

リリアンあみ機の作り方

厚紙と太さ6mmのストローとマスキングテープでリリアンあみ機が作れるよ!

三角定規を使うと平行な線がかけるよ!

1 図のように横34.2cm、たて5cmに切った厚紙に1.8cm間隔の線をかく。

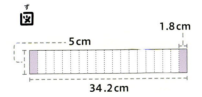

図

5cm / 1.8cm / 34.2cm

2 線の上に8cmに切ったストローを全部で18本、マスキングテープで1本ずつはっていく。

重ねたところは、表だけじゃなく、裏もマスキングテープをはってね。

3 両はし（図のむらさきの部分）を重ねて、マスキングテープでとめて輪にする。

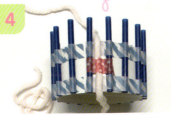

ピンクのマスキングテープはリリアンあみ機のフックの役割を果たすよ。

4 重ねてはり合わせたところに、糸はしを30cm残してマスキングテープでとめる。

糸を引っぱったり、外したりするのは、指でやるよ。

5 あとは37ページの❷からと同じようにあむ。

作家

⭐ **松村 忍**（まつむら しのぶ）（p.12-13、p.18-22、p.28-35）

デザイナー・クラフト作家。手芸雑誌、書籍での作品発表、手芸メーカーへの作品デザイン提供や小学生向けの編み物教室など、「手作りの価値の向上、オリジナルのもの作りの応援」をテーマに活動中。

⭐ **小沢未央子**（おざわ みおこ）（p.14-17、p.24-27、p.36-39）

ハンドメイド作家・講師。Webサイトこぐまやのせかいを運営。手芸雑誌への作品提供や、かぎ針編みやパッチワーク、つまみ細工をはじめ、手芸のさまざまなワークショップを開催し、親子で楽しむハンドメイドの普及啓発活動を行っている。

編集・制作	株式会社アルバ	デザイン	株式会社ミル
協力	後正産業株式会社 青木美登里	DTP	Studio Porto
写真撮影	林 均	イラスト	能勢明日香・門司美恵子
スタイリング	みつまともこ	校正・校閲	株式会社聚珍社

かわいい！がいっぱい
100円ショップではじめての手芸
5 ゆびあみでつくる

発行	2025年4月　第1刷
発行者	加藤裕樹
編集	小林真理菜
発行所	株式会社ポプラ社 〒141-8210　東京都品川区西五反田3-5-8　JR目黒MARCビル12階 ホームページ　www.poplar.co.jp（ポプラ社）／kodomottolab.poplar.co.jp（こどもっとラボ）
印刷・製本	株式会社C&Cプリンティングジャパン

©POPLAR Publishing Co.,Ltd. 2025　Printed in China
ISBN978-4-591-18421-9／N.D.C.594／39P／27cm

乱丁・落丁本はお取り替えいたします。ホームページ（www.poplar.co.jp）のお問い合わせ一覧よりご連絡ください。／本書のコピー、スキャン、デジタル化等の無断複製は著作権法上での例外を除き禁じられています。また、本書の作品及び型紙は個人的に楽しむ場合を除き、製作・販売することは著作権法で禁じられています。／本書を代行業者等の第三者に依頼してスキャンやデジタル化することは、たとえ個人や家庭内での利用であっても著作権法上認められておりません。

P7257005

かわいい！がいっぱい

100円ショップではじめての手芸

全5巻

1. フェルト・羊毛フェルトでつくる
2. ビーズ・プラバン・レジンでつくる
3. 布でつくる
4. ねんどでつくる
5. ゆびあみでつくる

N.D.C.594

- 小学校中学年以上向き
- A4変型判
- 各39ページ
- オールカラー
- 図書館用特別堅牢製本図書

ポプラ社はチャイルドラインを応援しています

18さいまでの子どもがかけるでんわ
チャイルドライン
0120-99-7777
毎日午後4時〜午後9時 ※12/29〜1/3はお休み
電話代はかかりません 携帯（スマホ）OK

チャット相談はこちらから